7
가장 아름다운 여신

주니어RHK

신화의 가치

신화는 한 민족의 기원이나 역사적 · 종교적 · 문화적 삶의 모습을 보여 주는 옛이야기입니다. 주로 신과 영웅에 관한 이야기가 많고, 오랫동안 입에서 입으로 전해 내려왔다는 특징이 있지요.

우리가 살펴볼 그리스 로마 신화는 고대 그리스와 로마에 전해 오는 신화와 전설을 한데 묶은 것입니다. 그리스 로마 신화는 고대의 삶을 엿보게 해 주는 문화유산일 뿐만 아니라, 세계 여러 나라의 문학과 미술에 큰 영향을 끼쳤습니다. 하지만 문화적 가치만큼이나 중요한 것이 또 있습니다. 오래된 옛이야기이면서도 거기에 담긴 교훈적 가치가 오늘날에도 여전히 쓸모 있고 중요하다는 사실입니다.

놀랍지 않나요? 수천 년 전의 이야기가 어떻게 과학 문명이 고도로 발달한 오늘날에도 통하는 것일까요? 그것은 바로 그리스 로마 신화에 나오는 신과 영웅의 모습이 오늘날 우리의 모습과 다르지 않기 때문입니다. 신들도 우리처럼 분노하고, 질투하고, 실수를 하지요. 그런 모습을 보면서 우리는 깔깔 웃거나 눈물을 흘리고, 교훈과 감동을 얻습니다. 우리가 그리스 로마 신화를 읽어야 하는 까닭이 바로 이것입니다.

신화의 세계로 떠날 여러분에게 한마디 덧붙이자면, 신화는 우리에게 끝없는 상상력을 요구한다는 점입니다. 신화 속에는 수많은 은유와 상징이 곳곳에 널려 있지요. 따라서 신화를 읽을 때에는 상상력을 최대한 발휘하여 신화 속에 숨겨진 의미를 찾고, 그것을 자기 나름대로 재해석하는 과정이 필요합니다. 이렇게 읽었을 때에야 비로소 여러분 앞에 놀라운 삶의 이야기가 펼쳐질 것입니다.

자, 그럼 흥미진진한 신화의 세계 속으로 함께 떠나 볼까요?

어느 날, 가장 아름다운 여신에게 바쳐진
황금 사과가 나타났습니다.
질투 많은 헤라, 성격이 불 같은 아테나, 콧대 높은 아프로디테.
이 세 여신 가운데 가장 아름다운 여신은 누구일까요?
신들의 왕인 제우스조차 이 물음에 대답하지 못했습니다.
과연 황금 사과는 누구에게 돌아갈까요?

주요 등장인물

제우스

올림포스 신들의 왕으로
하늘과 벼락의 신이에요.
헤라와 아테나, 아프로디테가
아름다운 여신을 결정해 달라고 하자,
파리스에게 그 결정을 넘겨요.

헤라

제우스의 아내로,
올림포스의 여신들 가운데
가장 높은 여신이에요.
결혼의 여신으로, 질투심이 많아요.

아프로디테

아름다움과 사랑의 여신으로,
올림포스의 여신들 가운데
가장 아름다운 여신으로 꼽혀요.

아테나

제우스의 딸로
전쟁과 지혜의 여신이에요.
의롭고 정의로운 전쟁을 도와주고,
항상 투구를 쓰고 창을 들고 다녀요.

에리스

불화와 다툼의 여신이에요.
테티스의 결혼식에
자기만 초대 받지 못하자 화가 나서,
다툼의 원인이 되는 황금 사과를
결혼식장에 몰래 두고 나와요.

파리스

트로이의 왕자임에도
자신의 신분을 모른 채
평범한 양치기로 살아요.
제우스의 눈에 띄어
가장 아름다운 여신을
선택하게 돼요.

1
테티스의 결혼식

"흥, 나만 빼놓고 잔치를 즐긴다 이거지.
두고 봐, 이 에리스가 가만있을 줄 알고!"

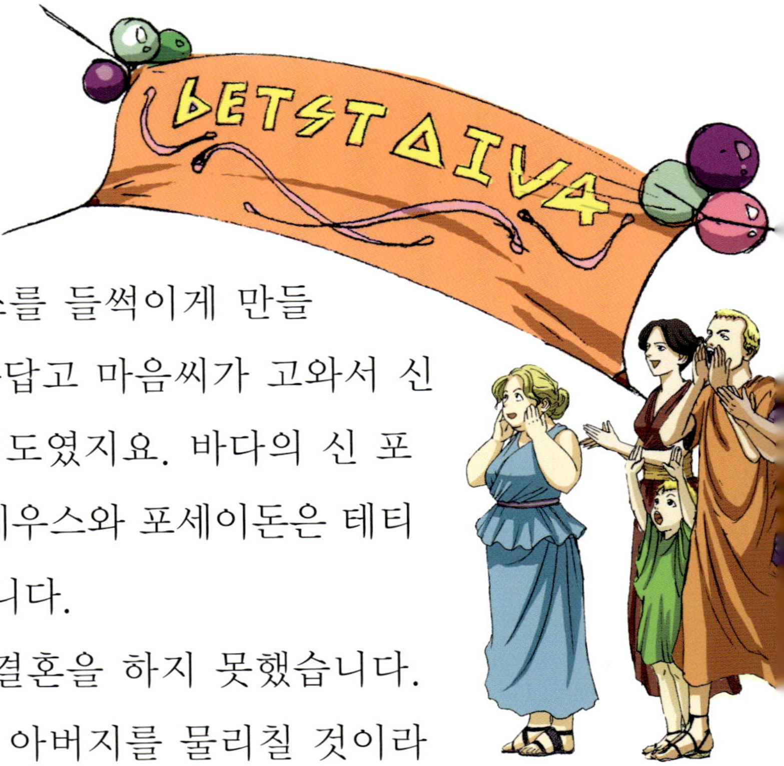

바다의 여신 테티스의 결혼 소식은 올림포스를 들썩이게 만들었습니다. 테티스는 무척 아름답고 마음씨가 고와서 신들의 왕인 제우스조차 반할 정도였지요. 바다의 신 포세이돈도 마찬가지였습니다. 제우스와 포세이돈은 테티스를 두고 경쟁을 하기도 했습니다.

하지만 테티스는 오랫동안 결혼을 하지 못했습니다. 테티스가 낳은 아들이 나중에 아버지를 물리칠 것이라는 예언 때문이었지요. 제우스는 자신도 아버지를 무찌르고 왕이 되었기 때문에, 그 예언이 무척 신경 쓰였습니다. 제우스뿐만 아니라 다른 신들도 선뜻 테티스의 남편이 되겠다고 나서지 못했습니다.

그런 테티스가 결혼을 하게 된 것입니다. 남편이 될 펠레우스는 비록 인간이었지만, 잘생기고 용기 있는 남자였습니다. 테티스를 친자식처럼 길렀던 헤라는 결혼식 준비를 위해 바쁘게 움직였습니다.

테티스와 펠레우스의 결혼식

〈테티스의 결혼〉 코르넬리스 반 하를렘

코르넬리스가 그린 테티스의 결혼식이에요. 번 존스, 요하임 우테웰 등 많은 화가들이 테티스의 결혼식 장면을 그렸어요. 화려하고 풍요로운 결혼식의 분위기가 표현된 작품입니다. 먹고 마시며 악기를 연주하는 신들 사이에 테티스와 펠레우스의 다정한 모습이 보여요.

드디어 결혼식 날이 되었습니다. 신과 인간, 동물, 님프들이 테티스의 결혼을 축하하려고 한자리에 모였습니다. 음악의 신들이 흥겨운 음악을 연주하자 잔치는 한층 무르익었습니다. 모두들 맛있는 음식을 먹고 춤을 추며 잔치를 즐겼습니다.

"저를 아들처럼 키워 주신 테티스 님, 결혼을 축하합니다."

대장장이 신 헤파이스토스가 축하 인사를 했습니다. 헤파이스토스는 헤라의 아들이었지만, 절름발이로 태어난 까닭에 헤라에게서 버림받았습니다. 그런 헤파이스토스를 테티스가 데려다 길러 준 것입니다.

"와 줘서 고마워요, 헤파이스토스!"

테티스가 무척 기뻐하며 말했습니다.

테티스와 펠레우스의 아들, 아킬레우스

테티스와 펠레우스는 훗날 아킬레우스를 낳았어요. 아킬레우스는 그리스 신화에 나오는 유명한 영웅 가운데 한 사람으로, 전쟁터에 나가면 물러서지 않는 용감한 사람이었지요. 테티스는 아킬레우스가 태어나자 그를 죽지 않는 몸으로 만들기 위해 스틱스 강물에 담갔어요. 그런데 테티스가 손으로 잡은 발뒤꿈치만 강물에 닿지 않아, 이 부분이 치명적인 약점이 되었지요. 결국 아킬레우스는 싸움터에서 발뒤꿈치에 화살을 맞고 죽었답니다.

"아름다운 테티스 님을 아내로 맞은 펠레우스 님, 정말 부럽습니다. 결혼 기념으로 최고급 포도주를 준비했습니다."

술의 신 디오니소스는 펠레우스에게 향긋한 포도주를 건넸습니다.

한편 모두가 잔치를 즐기는 동안 화가 단단히 난 여신이 하나 있었습니다. 바로 '*불화'와 '다툼'의 여신 에리스였습니다. 에리스는 올림포스의 모든 신들 가운데 유일하게 결혼식에 초대받지 못했습니다. 기쁨으로 가득해야 할 결혼식에 다툼이라도 일어나면 큰일이기 때문입니다.

'흥, 나만 빼놓고 잔치를 즐긴다 이거지. 두고 봐, 이 에리스가 가만있을 줄 알고!'

*불화 서로 사이좋게 지내지 못함.

화가 난 에리스는 조용히 결혼식장에 들어섰습니다. 흥에 겨운 신들은 에리스가 나타난 줄도 몰랐습니다. 에리스는 그 모습에 더욱 화가 났습니다. 에리스는 조용히 식탁으로 다가가 품 안에서 무언가를 꺼냈습니다. 그것은 바로 황금 사과였습니다. 에리스는 황금 사과를 식탁 위에 올려놓고는 차가운 미소를 지으며 사라졌습니다.

불화의 여신 에리스

불화와 다툼의 여신 에리스는 싸움을 좋아해서 어디서든 분쟁을 일으키는 것으로 유명했어요. 올림포스의 신들조차 함부로 하지 못할 정도였지요. 자식으로는 망각의 신 레테, 고통의 신 알고스를 두었어요. 고대 그리스의 시인 헤시오도스는 에리스를 둘로 나누어, 한쪽은 싸움을 조장하는 해로운 신, 다른 한쪽은 선의의 경쟁을 이끄는 이로운 신으로 보았답니다.

"잠깐, 방금 에리스를 본 것 같은데?"

헤라, 아프로디테와 함께 잔치를 즐기던 아테나가 말했습니다.

"무슨 소리야, 결혼식 날 다툼의 여신이 나타나다니. 설마 테티스가 초대했겠어? 만약 초대하려고 했어도 내가 말렸을 거야."

헤라는 말도 안 된다는 듯 고개를 저었습니다.

"맞아, 심술궂은 에리스가 무슨 일을 꾸밀지 모르지. 에리스는 이곳에 안 오는 게 좋아."

아프로디테도 헤라의 말을 거들었습니다.

2
에리스의 황금 사과

"가장 아름다운 여신께 바칩니다."

세 여신은 황금 사과를 두고 으르렁대기 시작했습니다.

흥겨운 잔치는 갑작스러운 소동으로 시끌벅적해졌습니다.

"가만, 이게 뭐지?"

그때 아테나가 탁자 한 귀퉁이에서 번쩍거리는 황금 사과를 발견했습니다. 헤라는 재빨리 황금 사과를 집어 들어 살펴보았습니다.

"가만, 여기 뭐라고 써 있는데? 가장 아름다운 여신께 바친다고?"

헤라의 말이 끝나자마자, 아테나가 황금 사과를 향해 손을 뻗었습니다. 아프로디테도 재빨리 황금 사과를 붙잡았습니다.

그러자 헤라가 소리쳤습니다.

"왜들 이래! 이 황금 사과는 신들의 여왕인 나 헤라에게 바치는 거라고!"

"흥, 무슨 소리! 지혜와 용기로 빛나는 이 아테나에게 바치는 것이지!"

아테나도 지지 않고 큰 소리로 외쳤습니다.

"이것 봐, 이 올림포스에서 가장 아름다운 여신은 바로 나라고. 이건 내 거야!"

아프로디테는 한껏 뽐내며 모두 들으라는 듯 큰 소리로 말했습니다.

세 여신은 황금 사과를 두고 으르렁대기 시작했습니다.

흥겨운 잔치는 갑작스러운 소동으로 시끌벅적해졌습니다. 잔치를 즐기던 신들과 신랑 펠레우스, 신부 테티스도 세 여신을 돌아보았습니다.

"펠레우스, 무슨 일이 생겼나 봐요."

테티스가 걱정스러운 표정으로 말했습니다. 흥겨운 연주가 멈추고 이야기를 나누던 신들도 조용해졌습니다. 세 여신의 다투는 소리는 점점 더 커졌습니다.

한편 그 모습을 하늘에서 지켜보던 에리스는 깔깔대며 즐거워했습니다.

"아무리 위대한 여신이라 해도 이 에리스 앞에선 별 수 없지. 이제야 재밌어지는걸? *모름지기 잔치는 이런 다툼이 있어야 제맛이지."

에리스는 자신을 빼놓고 잔치를 즐긴 신들 사이에 다툼이 일어나자 무척 *고소해 했습니다. 비로소 화가 좀 풀리는 것 같았습니다.

*모름지기 이치를 따져 보아 마땅히. 당연히.
*고소하다 미운 사람이 잘못되는 것을 보고 속이 시원하고 재미있다.

자존심 센 세 여신은 한 치의 양보도 없이 다투었습니다. 신들의 여왕인 헤라와 힘 센 아테나, 그리고 콧대 높은 아프로디테의 팽팽한 기 싸움이 계속되었습니다. 제우스는 물론 다른 신들도 세 여신을 말릴 방법이 없었습니다. 싸움이 쉽게 끝날 것 같지 않자, 헤라는 제우스를 향해 말했습니다.

"제우스, 도무지 이 여신들하고는 대화가 안 돼요. 당신이라면 현명한 판단을 할 수 있겠지요? 자, 이 황금 사과의 주인을 당신이 가려 줘요!"

올림포스의 세 여신 헤라, 아테나, 아프로디테

〈헤라〉 마리 레슈친스카

〈아프로디테〉 작가 미상

헤라와 아테나, 아프로디테는 올림포스의 여신들 중에서도 가장 위대한 여신들로 손꼽혀요. 우아하고 기품 있는 모습의 헤라와 투구를 쓴 당당한 아테나, 굴곡 있는 아름다운 몸매를 지닌 아프로디테의 특징이 조각상에 잘 드러나 있어요.

〈작은 올빼미를 든 아테나〉 작가 미상

제우스는 헤라의 말에 깜짝 놀랐습니다. 여신들의 싸움에 끼어들고 싶지 않았기 때문입니다. 만약 아테나나 아프로디테를 선택했다가는 성격이 *드센 아내 헤라가 가만있지 않을 테고, 그건 다른 두 여신도 마찬가지였거든요. 선택 받지 못한 여신들은 두고두고 제우스를 괴롭힐 게 불 보듯 뻔했습니다.

이러지도 저러지도 못하고 한참을 고민하던 제우스는 모든 신들이 자신의 선택을 기다린다는 것을 알았습니다.

"하, 이것 참 어려운 문제요, 헤라. 아무리 생각해도 이 문제는 내가 결정할 일이 아닌 것 같소."

제우스는 누가 자기 대신 이 *곤란한 문제를 해결해 주면 좋겠다고 생각했습니다. 마침 그때 좋은 생각이 떠올랐습니다.

"여신들이여. 가장 아름다운 여신은 가장 아름다운 자가 판단하는 게 맞는 것 같소."

*__드센__ 힘이나 기세가 매우 강하고 사나운.
*__곤란한__ 사정이 몹시 딱하고 어려운.

"가장 아름다운 자라고요?"

*영문을 모르겠다는 듯 헤라가 물었습니다.

"그렇소, 당장 헤르메스를 시켜 가장 아름다운 자를 찾아오게 해야겠군. 헤르메스!"

제우스는 *전령의 신 헤르메스를 불렀습니다.

"예, 제우스 님. 말씀하신 대로 당장 내려가서 가장 아름다운 자를 찾아오겠습니다."

헤르메스는 인간 세상으로 빠르게 날아갔습니다.

*영문 일이 돌아가는 형편이나 까닭.

*전령 명령을 전하는 사람.

3
양치기 파리스

"이제 곧 네 앞에 세 여신이 나타날 거야.
너는 그중에서 가장 아름다운 여신을 선택해야 해.
이 선택은 너의 운명에도 큰 영향을 미칠 테니,
그 점을 명심하라고!"

헤르메스는 인간 세상을 샅샅이 뒤졌습니다. 그때 저 멀리 언덕에서 양을 치는 청년이 눈에 띄었습니다. 헤르메스는 단번에 그 청년이 세상에서 가장 아름다운 자라는 걸 알았습니다. 그 청년의 외모는 누가 봐도 아름다웠기 때문입니다.

사실 그 청년은 트로이의 왕자 파리스였습니다. 파리스가 태어났을 때, 예언가들은 장차 파리스가 자라서 트로이를 잿더미로 만들 것이라고 예언했습니다. 그래서 트로이의 왕 프리아모스는 자신의 아들인 파리스를 왕궁에서 멀리 떨어진 들판에 버렸습니다.

버려진 파리스는 들판의 양치기의 손에서 자랐습니다. 그래서 자신이 왕자라는 사실도 모른 채 양을 치며 살아가고 있었던 것입니다. 헤르메스는 곧장 파리스에게 날아갔습니다.

"파리스!"

파리스와 트로이 전쟁

파리스는 트로이의 왕 프리아모스와 왕비 헤카베의 아들이에요. 헤카베는 파리스를 낳을 때 횃불이 트로이 전체를 활활 태우는 꿈을 꾸었어요. 그 꿈은 트로이의 멸망을 뜻했고, 그래서 파리스는 버려지게 된 거예요. 훗날 파리스는 트로이로 돌아오지만, 철없는 행동으로 나라를 커다란 전쟁의 소용돌이로 몰아넣어요. 그것이 바로 유명한 트로이 전쟁이랍니다. 결국 예언가들의 말이 그대로 이루어진 셈이지요.

잠깐 쉬고 있던 파리스는 깜짝 놀랐습니다. 말로만 듣던 헤르메스 신이 눈앞에서 자기를 부르고 있었기 때문입니다.

“파리스, 나는 전령의 신 헤르메스라고 해. 세상에서 가장 아름다운 자를 찾아 제우스 신의 명령을 전달하는 임무를 맡았지.

내가 보기엔 네가 가장 아름다운 자인 듯하니, 제우스 신의 명령을 전달할게."

파리스는 고개를 갸웃거렸습니다.

"제우스 신의 명령이라고요?"

"음. 이제 곧 네 앞에 세 여신이 나타날 거야. 너는 그중에서 가장 아름다운 여신을 선택해야 해. 이 선택은 너의 *운명에도 큰 영향을 미칠 테니, 그 점을 *명심하라고!"

파리스는 그 말을 듣자 걱정에 사로잡혔습니다. 하지만 한편으로는 무척 재미있을 것 같기도 했습니다.

'내 운명에 큰 영향을 미칠 거라고? 뭔지는 모르겠지만 따분한 양치기 생활보다는 재미있겠지.'

*운명 앞으로의 일을 지배하는 힘. 또는 그것에 의해 정해진 것.
*명심 잊지 않도록 마음에 새김.

사과를 받아 든 파리스

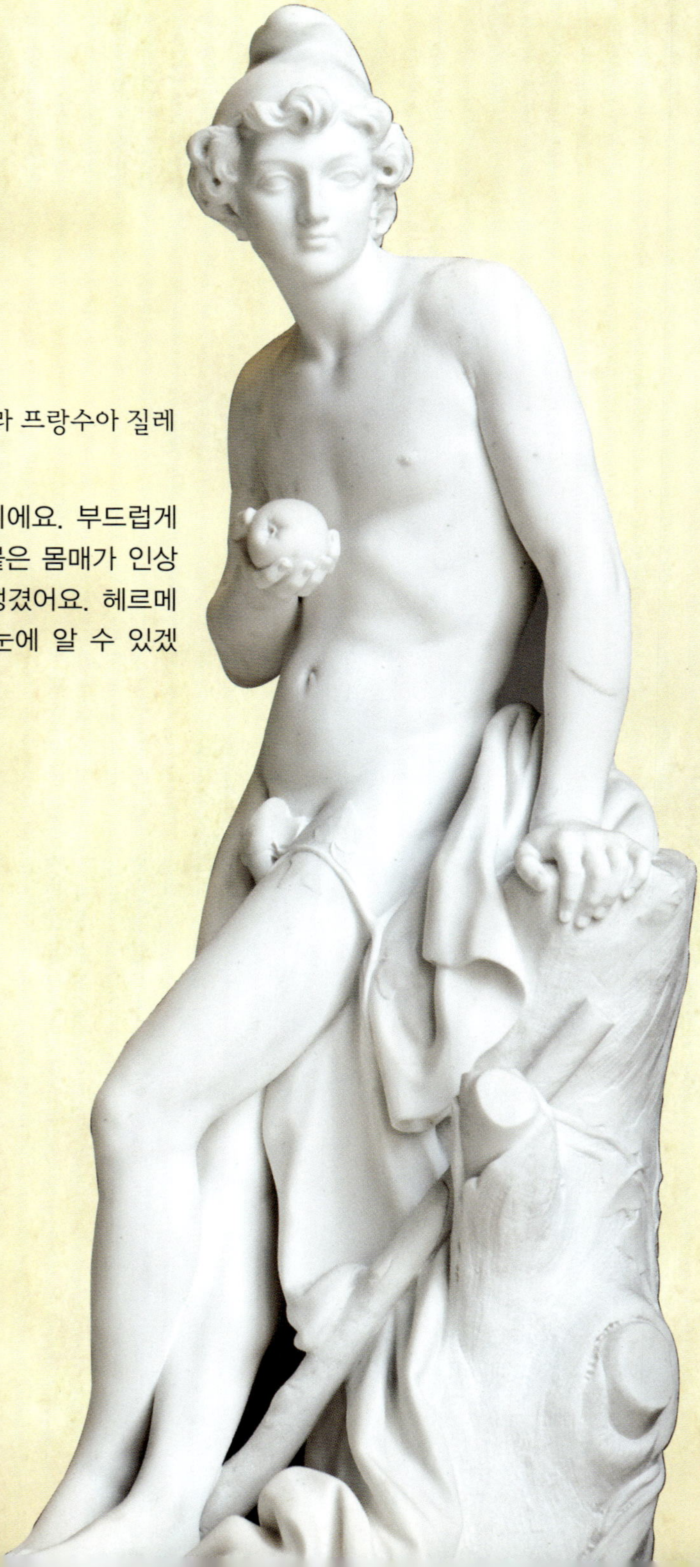

〈양치기 파리스〉 니콜라 프랑수아 질레

사과를 건네받은 파리스의 모습이에요. 부드럽게 고불대는 머리와 적당히 근육이 붙은 몸매가 인상적이지 않나요? 얼굴도 무척 잘생겼어요. 헤르메스가 왜 파리스를 선택했는지 한눈에 알 수 있겠지요?

4
세 여신의 제안

"이게 바로 사랑의 힘, 나 아프로디테의 힘이지.
파리스, 날 선택한다면 세상에서 가장 아름다운
여인을 너에게 주겠어."

드디어 세 여신이 파리스 앞에 나타났습니다. *근엄한 모습의 제우스도 함께 있었습니다. 파리스는 갑작스러운 신들의 등장에 얼떨떨하기만 했습니다. 하지만 곧 제우스를 알아보고는 재빨리 고개를 숙였습니다.

"자네가 파리스인가?"

"예, 제우스 님. 그런데 제가 해야 할 일이 있다고 들었습니다."

제우스가 입을 열기도 전에 헤라가 나서서 말했습니다.

*근엄한 점잖고 위엄이 있는.

"그래, 파리스. 너는 나와 아테나, 아프로디테 중에서 가장 아름다운 여신을 골라야 한단다. 보나마나 나를 고를 게 뻔하지만……."

"말도 안 돼요. 가장 아름다운 건 나라고요."

"무슨 소리! 날 선택할 거야."

헤라의 말에 아테나와 아프로디테는 말도 안 되는 소리라며 비웃었습니다. 제우스는 그런 여신들이 지긋지긋하다는 듯 고개를 저으며 말했습니다.

"파리스, 자네가 아주 공정하게 이 문제를 해결해 주길 바라네."

파리스는 손에 든 황금 사과와 세 여신을 번갈아 바라보았습니다. 신들의 여왕답게 헤라는 눈부신 옷을 차려입고 화려한 아름다움을 뽐냈습니다. 갑옷을 두른 아테나는 탄탄한 근육의 아름다움을 자랑하고 있었습니다. 아프로디테는 부드러운 머리카락과 눈부실 만큼 고운 살결로 파리스를 유혹했습니다.

파리스가 보기에 세 여신은 누가 제일이라고 할 수 없을 정도로 모두 무척 아름다웠습니다. 이들 세 여신은 올림포스의 여신들 가운데서도 *빼어나게 아름다운 여신들이었기 때문입니다.

'세 분 모두 정말 아름다워. 그런데 제우스 님도 결정하지 못한 것을 내가 어떻게 결정하지? 잘못했다가는 큰 *화를 당할 게 뻔한데…….'

*빼어나게 여럿 가운데서 두드러지게 뛰어나게.
*화 모진 재앙과 사나운 운수.

파리스는 어찌해야 할지 *갈피를 잡지 못했습니다. 세 여신은 그런 파리스를 불안한 듯 바라보았습니다.

운명을 뒤바꾼 네 개의 사과

역사와 신화에는 인간의 운명을 뒤바꾼 네 개의 사과가 있어요. 첫째는 성경에 나오는 사과로, 선악을 구별하게 해 주는 사과예요. 아담과 이브는 이 사과를 먹지 말라는 신의 명령을 어겨 낙원에서 쫓겨나고, 이로 인해 인간은 많은 특권을 잃게 돼요. 둘째는 스위스의 독립 영웅 빌헬름 텔의 사과예요. 빌헬름 텔은 악독한 오스트리아 총독의 명령에 따라 자기 아들의 머리 위에 있는 사과를 활로 쏘아 맞혀요. 이 사건은 훗날 스위스 독립 운동의 불씨가 되지요. 셋째는 뉴턴의 사과로, 뉴턴은 나무에서 떨어지는 사과를 보고 만유인력 법칙의 실마리를 떠올려요. 이 법칙은 근대 과학의 발전을 가져오지요. 넷째는 파리스의 황금 사과로, 이 사과로 인해 트로이와 그리스의 운명이 뒤바뀌게 된답니다.

*갈피 일이나 사물의 갈래가 구별되는 이름.

"파리스! 정말 답답하군. 이 쉬운 걸 고민하다니……. 난 신들의 여왕 헤라다. 만약 네가 날 선택한다면 그 보답으로 너에게 이런 걸 주지."

헤라는 우물쭈물하는 파리스의 팔을 잡아챈 다음, 파리스의 눈앞을 가리켰습니다. 그러자 순간 놀라운 광경이 펼쳐졌습니다. *웅장한 집들과 화려하게 꾸며진 커다란 궁전이 파리스의 눈앞에 나타난 것입니다. 궁전 안에는 멋진 옷을 차려입고, 수많은 하인들을 거느린 파리스 자신의 멋진 모습도 보였습니다.

"잘 보이느냐, 파리스? 이 모든 걸 너에게 주겠다. 넌 그 누구보다도 힘 있는 부자로 살 수 있고, 아무도 너의 말을 *거역하지 못할 거야."

헤라의 말에 파리스는 넋을 잃고 눈앞의 광경을 바라보았습니다.

'내 말에 누구든 복종할 거라고? 믿어지지 않는군. 게다가 더 이상 양을 치지 않아도 먹고 살 걱정은 없겠어! 헤라 여신이라면 그런 보답은 충분히 해 줄 수 있을 거야.'

*웅장한 규모가 아주 큰.
*거역하다 윗사람의 뜻이나 지시 따위를 따르지 않고 거스르다.

"잠깐, 파리스!"

파리스가 고개를 돌리자, 그곳에는 아테나가 서 있었습니다.

"이봐, 파리스! 남자라면 누구나 한 번쯤은 전쟁에서 승리하는 무적의 영웅을 꿈꾸지. 파리스, 날 선택한다면 널 세상에서 가장 훌륭한 영웅으로 만들어 주겠어."

잠시 뒤, 파리스의 눈앞에 어지러운 전쟁터가 펼쳐졌습니다. 시끄러운 함성이 울리는 가운데 가장 선두에 선 사람은 바로

파리스 자신이었습니다. 파리스는 당당하게 싸움을 승리로 이끌었습니다.

"파리스, 그 어떤 싸움에서도 지지 않을 지혜와 용기, 그리고 행운을 너에게 주겠어. 영광스러운 승리의 기쁨을 죽을 때까지 누리게 해 주지."

파리스는 자신의 이름을 외치며 몰려드는 사람들을 바라보았습니다.

'영웅이라니, 나 같은 양치기는 상상도 못할 일이잖아. 맞아.

사람들의 존경을 한 몸에 받는 영웅이 되는 것이야말로 최고의 행복일 거야.'

파리스는 물끄러미 황금 사과를 바라보았습니다.

그때 어디선가 부드러운 목소리가 들려왔습니다. 바로 아프로디테였습니다.

"파리스, 부와 권력, 그리고 승리의 기쁨을 누린다 해도, 네가 혼자라면 쓸쓸할 뿐이야. 다 소용없지."

어느새 파리스의 눈앞에는 시끄러운 전쟁터 대신 평화롭고 아름다운 풍경이 펼쳐졌습니다. 그곳에는 눈부신 아름다움을 자랑하는 여인이 서 있었습니다. 태어나서 지금까지 한 번도 본 적이 없는 엄청난 미인이었습니다.

잔뜩 긴장하고 있던 파리스는 따스하고 편안한 느낌에 휩싸였습니다. 파리스는 세상의 돈과 *명예보다도 아름다운 여인의 손길을 한번 느껴 보고 싶었습니다.

"이게 바로 사랑의 힘, 나 아프로디테의 힘이지. 파리스, 날 선택한다면 세상에서 가장 아름다운 여인을 너에게 주겠어."

*명예 세상에서 훌륭하다고 인정되는 이름이나 자랑.

파리스는 가슴이 떨렸습니다.

'아아, 저렇게 아름다운 여인과 영원히 함께할 수 있다면…….'

파리스는 모든 것이 꿈만 같았습니다. 하지만 헤라, 아테나, 아프로디테 이 세 여신 중 가장 아름다운 여신으로 누구를 선택해야 할지 고민이 되었습니다.

5
파리스의 선택

"선택을 하겠습니다. 이 황금 사과의 주인은……."
세 여신은 모두 간절한 눈빛으로 파리스의
다음 말을 기다렸습니다. 파리스는 무릎을 꿇고
한 여신에게 황금 사과를 바쳤습니다.

"자, 파리스 이제 선택을 하게."
제우스의 목소리가 들리고, 파리스의 눈앞에는 다시 들판의 풍경이 펼쳐졌습니다. 잔뜩 긴장된 얼굴로 자신을 쳐다보는 세 여신의 모습도 보였습니다. 파리스는 황금 사과를 들고 여신들 앞으로 나아갔습니다.

"선택을 하겠습니다. 이 황금 사과의 주인은……."

세 여신은 모두 간절한 눈빛으로 파리스의 다음 말을 기다렸습니다. 파리스는 무릎을 꿇고 한 여신에게 황금 사과를 바쳤습니다.

"아름다움과 사랑의 여신 아프로디테 님, 바로 당신이 황금 사과의 주인입니다."

파리스의 선택

〈파리스의 심판〉 페테르 파울 루벤스

파리스가 세 여신 가운데 가장 아름다운 여신을 선택하는 이 장면은 수많은 화가들이 그렸어요. 루벤스가 그린 이 그림에는 빨간 망토를 두른 헤르메스와 사과를 건네는 파리스가 보여요. 또 여신들 주변에는 메두사의 목이 달린 아테나의 방패와 아프로디테의 어린 아들 에로스, 그리고 헤라의 공작새가 있어요.

"뭐, 뭐야?"

순간 헤라의 얼굴빛이 사납게 변했습니다. 헤라는 금방이라도 파리스에게 큰 벌을 내릴 것 같았습니다.

"하찮은 인간 주제에 뭐가 어째?"

아테나 또한 쩌렁쩌렁한 목소리로 소리를 질렀습니다. 두 여신의 분노로 분위기는 순식간에 얼어붙었습니다.

"헤라, 아테나. 마음에 들지는 않더라도 이 청년이 스스로 결정한 일이니 받아들이시오."

제우스는 간신히 둘을 타일렀습니다. 헤라와 아테나는 눈빛을 번득이며 파리스를 노려보았습니다.

"파리스, 네가 감히 나를 무시하고 이런 결정을 내렸겠다. 오늘 이 선택을 반드시 후회하게 해 주지. 두고 보라고."

“어리석은 파리스. 나 아테나는 결코 오늘 일을 잊지 않겠다. 앞으로 너를 돌보는 일은 없을 거야.”

헤라와 아테나는 파리스에게 *으름장을 놓고 재빨리 사라졌습니다. 하지만 아프로디테는 다정한 미소를 지으며 말했습니다.

“파리스, 너에게 한 약속은 꼭 지키겠다.”

***으름장** 말과 행동으로 위협하는 짓.

이렇게 소동은 마무리되었습니다. 신들은 모두 감쪽같이 모습을 감췄고, 파리스는 다시 평범한 양치기로 돌아왔습니다.

과연 아프로디테는 약속대로 파리스에게 가장 아름다운 여인을 주었을까요? 물론입니다. 아프로디테는 그리스 최고의 미녀 헬레네를 파리스와 짝이 되도록 만들어 주었습니다. 하지만 헤라와 아테나도 자신들이 한 말처럼 파리스를 가만 놔두지 않았습니다.

훗날, 사과 하나로 말미암아 벌어진 이 사건으로 트로이와 그리스는 무려 10년에 걸친 전쟁에 휘말리게 됩니다. 헤라와 아테나, 아프로디테까지 편을 갈라 전쟁에 참여합니다. 파리스는 자신이 내린 순간의 선택으로 스스로의 운명은 물론, 역사까지도 바꿔 놓았답니다.

OLYMPUS GUARDIAN 신화 뒷이야기

테티스의 결혼식에 불화의 여신 에리스는 초대받지 못했습니다. 에리스는 세 여신들 사이에 황금 사과를 놓아 다툼을 일으키고 그 다툼은 파리스의 선택으로 끝이 납니다. 이처럼 오늘날에도 사람들 사이에 분열이 생기면 그 원인이 되는 사건을 '불화의 사과' 라고 표현합니다.

하지만 이야기는 여기서 끝이 아닙니다. 파리스의 선택은 트로이 전쟁이라는 엄청난 결과를 불러오게 됩니다. 트로이 전쟁으로 수많은 사람들이 죽고 다치며, 트로이와 그리스 두 나라의 운명이 바뀌게 되지요. 사과 하나 때문에 일어난 이 사건은 그다지 중요해 보이지 않지만, 이 사건이 불씨가 되어 결국 엄청난 결과를 가져옵니다.

이처럼 신화 속에서는 무심코 일어난 작은 사건이 꼬리를 물고 다른 사건으로 연결되어 전혀 뜻하지 않은 결과로 이어지기도 합니다.

히아킨토스의 예를 들어 볼까요? 히아킨토스는 뛰어나게 잘생긴 청년으로 아폴론의 사랑을 받습니다. 하지만 히아킨토스를 사랑한 바람의 신 제피로스는 히아킨토스와 아폴론의 다정한 모습에 무척 질투가 났습니다. 아폴론과 히아킨토스가 원반 던지기 놀이를 하던 날, 제피로스는 바람의 방향을 바꾸어 아폴론의 원반을 빗나가게 만듭니다. 크고 무거운 원반은 원래 방향에서 벗어나 그만 히아킨토스의 머리에 부딪혔고, 히아킨토스는 죽고 말았지요. 단순히 바람의 방향을 바꾼 작은 사건이지만, 뜻하지 않게 그 원반은 자신이 사랑하던 사람을 죽게 만든 것입니다.

신화는 인간의 삶을 본떠 만든 이야기입니다. 파리스와 히아킨토스의 이야기처럼, 신화는 어떤 일이 일어날지 알 수 없는 것이 인간의 운명이라고 말하는 것 같습니다.

올림포스 신들의 계보

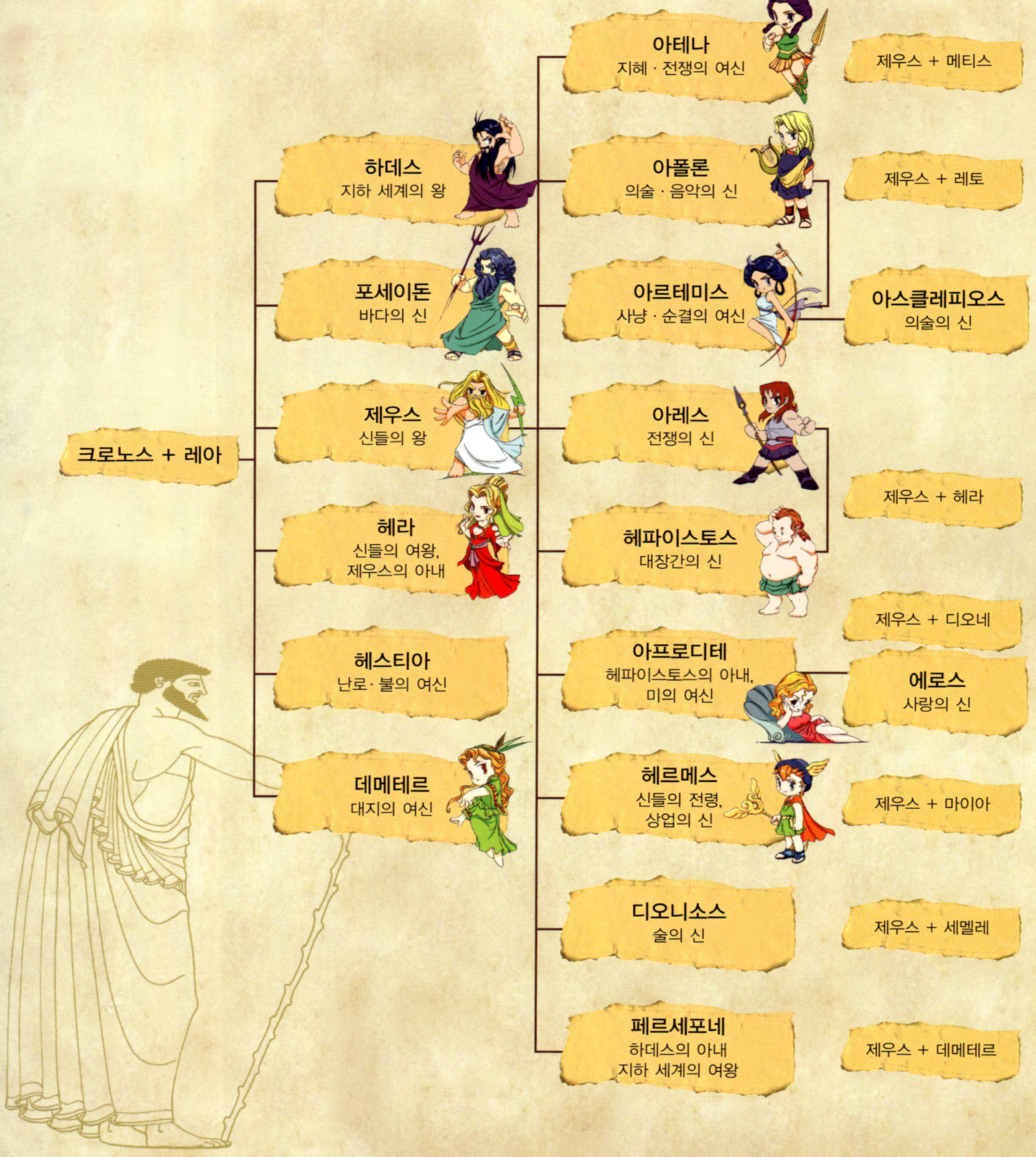

크로노스 + 레아
하데스
지하 세계의 왕
포세이돈
바다의 신
제우스
신들의 왕
헤라
신들의 여왕,
제우스의 아내
헤스티아
난로 · 불의 여신
데메테르
대지의 여신
아테나
지혜 · 전쟁의 여신
제우스 + 메티스
아폴론
의술 · 음악의 신
제우스 + 레토
아르테미스
사냥 · 순결의 여신
아스클레피오스
의술의 신
아레스
전쟁의 신
제우스 + 헤라
헤파이스토스
대장간의 신
제우스 + 디오네
아프로디테
헤파이스토스의 아내,
미의 여신
에로스
사랑의 신
헤르메스
신들의 전령,
상업의 신
제우스 + 마이아
디오니소스
술의 신
제우스 + 세멜레
페르세포네
하데스의 아내
지하 세계의 여왕
제우스 + 데메테르

⚜ 그리스 로마 신화 주요 인물의 이름 ⚜

그리스 어	로마 어	영어
가이아	텔루스	
니케	빅토리아	나이키, 빅토리
데메테르	케레스	세레스
디오니소스	바쿠스	바커스
레아	키벨레	시벨레
아레스	마르스	마스
아르테미스	디아나	다이애나
아테나	아테네, 미네르바	
아폴론	아폴로	아폴로
아프로디테	베누스	비너스
에로스	쿠피드, 아모르	큐피드
오디세우스	울릭세스	율리시스
우라노스	카일루스	유러너스
제우스	유피테르	주피터
크로노스	사투르누스	새턴
페르세포네	프로세르피나	
포세이돈	넵투누스	넵튠
하데스	플루톤	플루토
헤라	유노	주노
헤라클레스	헤르쿨레스	허큘리스
헤르메스	메르쿠리우스	머큐리
헤스티아	베스타	
헤파이스토스	불카누스	벌컨

그리스 로마 신화 올림포스 가디언 7

가장 아름다운 여신

펴낸이 양원석
펴낸곳 ㈜알에이치코리아
등록 2004년 1월 15일 제2-3726호
주소 서울특별시 금천구 가산디지털2로 53, 20층 (한라시그마밸리)
문의전화 02)6443-8800

ISBN 978-89-255-4444-1(74800)
ISBN 978-89-255-4354-3(세트)

값 **12,800원**

원작 만화로 보는 그리스 로마 신화(가나출판사)
이광진 엮음, 홍은영 그림
명화 구입처 유로크레온(주)